Mira Lobe

Besser der Ball als du

Die Autorin:

Mira Lobe wurde 1913 in Görlitz geboren. Für das jüdische Mädchen gab es keine Möglichkeit, nach dem Abitur zu studieren. Während sie in Berlin auf ein Visum für Palästina wartet, lernt sie Buchbinden und Maschinenstricken. Beide Berufe – und noch viele andere – übte sie während der Zeit ihrer Emigration aus. Heute lebt Mira Lobe in Wien. Sie hat viele erfolgreiche Kinderbücher und Texte zu Bilderbüchern geschrieben. Einige Titel der Autorin: ›Es ging ein Schneemann durch das Land‹ (illustriert von W. Opgenoorth), ›Der Apfelbaum‹, ›Komm, sagte die Katze‹ und ›Komm, sagte der Esel‹ (alle gemalt von A. Kaufmann), ›Der ist ganz anders, als ihr glaubt‹, ›Die Omama im Apfelbaum‹ (dtv junior 70140), ›Die Zauberschleife‹ und ›Lollo‹.

Die Illustratorin:

Susi Weigel wurde 1914 in Mähren geboren und studierte an den Akademien für Angewandte und Bildende Kunst in Wien. Sie schuf unter anderem Wandmalereien und arbeitete an Zeichentrickfilmen mit. Seit 1948 ist sie freischaffende Graphikerin. Für ihre Arbeiten hat Susi Weigel Preise und Auszeichnungen erhalten.

Bücher von Mira Lobe und Susi Weigel bei dtv junior: siehe Seite 4

Mira Lobe

Besser der Ball als du

Ein Verkehrsbuch

Mit Bildern von Susi Weigel

Deutscher Taschenbuch Verlag

Titel der Originalausgabe: ›Der Dackelmann hat recht. Ein lustiges Buch vom Straßenverkehr‹

Von Mira Lobe und Susi Weigel sind außerdem bei dtv junior lieferbar:
Morgen komme ich in die Schule (in der Reihe für Leseanfänger – große Druckschrift), Band 7571
Die Omama im Apfelbaum, Band 70140

Für die Taschenbuchausgabe eingerichtet und neu illustriert
März 1989
2. Auflage März 1991
Deutscher Taschenbuch Verlag GmbH & Co. KG, München

ISBN 3-224-11106-2

Umschlaggestaltung: Celestino Piatti
Umschlagbild: Susi Weigel
Gesetzt aus der Akzidenz-Grotesk 14/16˙
Gesamtherstellung: Kösel, Kempten
Printed in Germany · ISBN 3-423-07593-7

Das ist Ina.
Und das ist Lalibella.

Das ist Niko.
Und das ist Tom-Tom.

Lalibella und Tom-Tom stehen am Fenster.
»Siehst du unsere Kinder?« fragt
Tom-Tom.
Lalibella reckt den langen Hals.
»Sie sind im Garten.
Meine Ina sitzt auf der Schaukel,
und dein Niko spielt Fußball ...
Ach, du Schreck!
Jetzt ist er weg!«
»Wer ist weg?«
»Der Ball. Durchs offene Gartentor
auf die Straße gerollt.
Und Niko rennt hinterher.«
»Aber da kann ja wer-weiß-was
passieren!« ruft Tom-Tom,
»mein Niko ist noch viel zu klein,
der darf nicht allein
auf der Straße sein!«
»Hoppla!« sagt Lalibella, »jetzt ist
meine Ina von der Schaukel gesprungen.
Und rennt hinterdrein.«

Der Ball rollt vom Gehsteig
auf die Fahrbahn.
Niko läuft hinter dem Ball her.

Ina läuft hinter Niko her.
Sie schauen nicht links.
Sie schauen nicht rechts.

Bremsen kreischen.
Räder quietschen.
Hupen heulen.

Ein Mann mit grauen Haaren
stürzt den Kindern nach und reißt
sie zurück.
»Halt! Was fällt euch denn ein?«
PLOPP! macht es auf der Fahrbahn.
Ein Lastwagen ist über etwas
Rundes, Rotes gerollt.
»Mein Ball!« schreit Niko.
»Besser der Ball als du«, sagt der Mann
und hält die Kinder fest.
Der Lastwagenfahrer beugt sich
aus dem Fenster.

»He, Opa! Gib gefälligst besser acht
auf deine beiden Schlingel!«
»Das ist nicht unser Opa!« ruft Ina.
»Überhaupt nicht unser Opa!« ruft Niko.
»Das ist der Dackelmann«, ruft Ina.

Auf dem Gehsteig steht der Dackel
vom Herrn Dackelmann und bellt.
Und die Leute stehen da
und regen sich auf.
»Nein, diese Kinder!« schimpft eine Frau,
»um ein Haar hätte es
ein Unglück gegeben!«
»Wenn das meine wären, die könnten
was erleben!« schimpft ein Mann.
Der Dackelmann hält Ina und Niko
am Kragen fest, als wollten sie ihm
davonfliegen.
»Los!« sagt er. »Gehen wir!«

Die Kinder kennen den Dackelmann
schon lange.
Eigentlich heißt er Dunkelmann
und wohnt ein paar Häuser weiter.
Früher war er Polizist.
Jetzt kümmert er sich nur noch
um seine Enkelkinder, um seine Blumen
und seinen Dackel Lumpi.
»Ich bringe euch zwei jetzt nach Hause«,
sagt er. »Bin neugierig,
was eure Eltern dazu sagen . . .«

»Gar nichts«, behauptet Ina. »Die sind nicht so.«
»Überhaupt nicht so«, sagt Niko.
Der Dackelmann nimmt die Kinder bei der Hand.
»Was ist das?« fragt Niko und öffnet ein Täschchen an Lumpis Halsband.
Ein Zettel steckt drin:

»Warum?« fragt Niko.
»Falls er verlorengeht«, sagt Ina. »Weil er nicht reden kann.«
»Richtig.« Der Dackelmann nickt.
»Aber ihr könnt es. Also?«
»Ich heiße Ina Kratowil«, sagt Ina,
»und wohne Lindenbaumstraße 8.«
»Ich heiße Niko Krokodil«, sagt Niko,
»und wohne Limbaumstraße acht,
gute Nacht.«
»Wieso gute Nacht?« fragt der Dackelmann verblüfft. »Und wieso Krokodil?«
»Weil ihm das besser gefällt«, sagt Ina.
»Aber mir gefällt das gar nicht«,
sagt der Dackelmann. »Solange Niko
seinen richtigen Namen
und seine richtige Adresse nicht weiß,
muß er sie um den Hals tragen.
So wie der Lumpi.
Ich will eure Mutter fragen,
ob ich morgen mit euch
ein bißchen spazierengehen kann.
Dann bringe ich euch bei,
wie man sich auf der Straße
richtig verhält.«

»Und der Lumpi?« fragt Niko. »Kommt der mit?«
»Der Lumpi kommt auch«, sagt der Dackelmann.
»Dann dürfen aber Tom-Tom und Lalibella auch mitgehen«, sagt Niko.
Er hat die ganze Zeit zum Fenster hinaufgeschaut, wo Tom-Tom und Lalibella warten.

»Hallo Tom-Tom! Hallo Lalibella!
Wir sind wieder da!«
Tom-Tom dreht ihnen den Schwanz zu.
Das tut er immer, wenn er beleidigt ist.
»Wo wart ihr?« fragt Lalibella,
»und wo ist der Ball hingekommen?«
»Unters Auto. Und wir beinah auch.«
»Was? Unters Auto?«
Tom-Tom vergißt, daß er beleidigt ist.
Er tastet die Kinder mit dem Rüssel ab,
ob sie auch heil und ganz sind.
»Wie kann man nur so dumm sein
und auf der Straße einem Ball
nachlaufen!« schimpft er.
»Das kommt davon, weil ihr
uns nie mitnehmt«, schimpft Lalibella,
»dann paßt keiner auf euch auf.«
»Wir lernen auf uns selber aufpassen«,
sagt Ina. »Wir machen morgen
mit dem Dackelmann einen Spaziergang.
Und ihr dürft mit.«

Lalibella und Tom-Tom, Ina und Niko
stehen vor der Gartentür.
Da kommt der Dackelmann mit Lumpi.

Tom-Tom und Lalibella haben
weiße Pappschilder um den Hals.
Darauf steht, wie sie heißen
und wo sie wohnen.
»Sehr schön«, sagt der Dackelmann
und lacht. »Und du, Niko? fragt er.
»Ich brauch das nicht. Überhaupt nicht!«
sagt Niko. »Ich heiße
Nikolaus Kra-to-wil und wohne
Lin-den-baum-straße acht – gute Nacht.«

»Bravo!« sagt der Dackelmann,
»und jetzt geht's los!
Zeigst du mir deinen Schulweg, Ina?«
fragt er dann. »Gehst du allein?«
»Die Mama bringt mich und holt mich.
Weil sie Angst hat.«
»Und du? Hast du keine Angst?«
»Doch, ich auch«, sagt Ina.
Inas Schulweg ist nicht lang,
aber sie muß ein paarmal
die Straße überqueren.
»Aufgepaßt!« sagt der Dackelmann.
»Erste Frage:
Wie geht man über die Straße?«
»Man muß schauen«, sagt Ina. »Das
haben wir schon gelernt:
Erst links, dann rechts,
dann wieder links –
und wenn dann nichts kommt...«
»Richtig. Und wo ist links?«
»Da muß ich nachgucken!«
Ina hebt ihr Kleid und sucht den
braunen Leberfleck über dem Knie.
»Ein lllinker Llleberfleck«,
lacht der Dackelmann. »Sehr praktisch.«

»Und ich?«
Niko krempelt die Hosenbeine auf und schaut seine Knie an.
»Nichts«, sagt er. »Ich hab überhaupt nichts.«

Der Dackelmann zieht
ein lila Seidenband aus der Tasche
und bindet es ihm ums Handgelenk.
»Ein lllinkes lllila Band.«
»Und Tom-Tom?« fragt Niko.
»Und Lalibella?«
Zum Glück hat der Dackelmann
noch mehr lila Bänder in der Tasche.
»Und was machen die Kinder,
die keinen Leberfleck haben
und kein lila Band?« fragt Niko.
»Denen gibt ihre Mutter einen Tupf
Nagellack auf den kleinen Finger«,
sagt Ina. »Neben mir sitzt der Alex,
der hat sowas.«
»So, jetzt weiß jeder, wo links ist,
und jetzt probieren wir's«,
sagt der Dackelmann.
Sie stehen alle miteinander
am Gehsteigrand,
schauen nach beiden Seiten,
links – rechts – links,
warten, bis die Straße frei ist,
und gehen dann schnell
über die Lindenbaumstraße.

Drüben sehen sie ein Schild für Fußgänger
und biegen in die Krumme Allee ein.
Bald darauf stehen sie wieder
vor einer Querstraße.
Die Krumme Allee
führt über die Bäckergasse.
Die Bäckergasse
ist eine Einbahnstraße.
Dort fahren die Autos
nur in einer Richtung – aber sie
fahren sehr schnell.
Lalibella stupst Tom-Tom an.
»Puh!« sagt sie, »meine Ina
hat einen gefährlichen Schulweg.«
Tom-Tom nickt und rollt ängstlich
den Rüssel ein.
Die Autos flitzen und sausen und stinken,
daß ihm angst und bang wird.
Die nächste Querstraße
ist Inas Schulstraße
und auch eine Einbahnstraße.
Die Autos fahren in entgegengesetzter
Richtung.
Ina zeigt auf ihre Schule,
ein hohes Haus mit vielen Fenstern.

SCHULE
KRUMME ALLEE
SCHULSTRASSE
BÄCKERGASSE
LINDENBAUMSTRASSE
EICHENSTRASSE
Der alte Weg
Der neue Ampelweg

»Morgens und mittags ist
immer ein Polizist vor unserer Schule.
Der steht mitten auf der Straße
und hält die Autos auf,
damit die Kinder gut hinüberkommen.«
»Und das komische Geländer
vor der Schule?« fragt Niko,
»ist das zum Klettern für die Kinder?«

»Das ist kein Geländer«,
sagt der Dackelmann. »Das ist ein Sicherheitsgitter. Es hält die Kinder auf, wenn sie mittags wie die Wilden ins Freie stürzen. Stimmt es, Ina?«
»Das stimmt.«

Der Dackelmann denkt nach.
Dann sagt er dasselbe wie Lalibella:
»Ich finde, du hast einen gefährlichen Schulweg, Ina.
Kein Wunder, daß deine Mutter Angst hat.
Sollten wir nicht einen besseren suchen?«
Bei der nächsten Ecke kreuzen sich die Schulstraße und die Eichenstraße.
Oben ist eine große Ampel.
Weiter unten sind die Ampeln für die Fußgänger.
Und ganz unten sind die Zebrastreifen.

»Bei Rot, da muß man stehn,
bei Grün, da darf man gehn«,

schreit Niko. »Das weiß ich aus dem Kindergarten.«

Sie warten, bis die Ampel Grün zeigt,
schauen und gehen dann
über die Eichenstraße.
Drüben warten sie, bis die Ampel
wieder Grün zeigt,
und gehen über die Schulstraße.
»Gib acht, Ina«, sagt der Dackelmann.
»Wenn wir jetzt die Eichenstraße
geradeaus hinunter gehen
zur Kreuzung Lindenbaumstraße, dann ...«
»Dann ist mein neuer Schulweg
ja ein Ampelweg!« ruft Ina,
»da gehe ich morgen schon allein.«
Ina ist froh.
Auch Lalibella ist froh.
»Ist das nicht toll, Tom-Tom?« ruft sie.
Aber Tom-Tom ist nicht da.
Er ist vor einem Spielwarengeschäft
stehengeblieben und dann hinter
einer Frau mit einem Einkaufskorb
hergegangen.
»Schenkst du mir eine Banane?«
fragt Tom-Tom.
Und weil es ihm zu lange dauert,
bis sie ja sagt,

Mode
EICHEN

pflückt er sich die größte Banane
und trottet weiter.
Niko dreht sich plötzlich um.
»Wo ist Tom-Tom?«
Sie rufen und suchen.
Tom-Tom ist verschwunden.
»Gut, daß er sein Schild umhat«,
sagt Ina. »Jemand wird ihn schon
bei uns abgeben . . .«
»Mein Tom-Tom!« Niko fängt an zu weinen.
Lalibella entdeckt Tom-Tom
auf der anderen Straßenseite.

Nicht den ganzen Tom-Tom,
nur seinen Rüssel mit der Banane.

Weil die Lindenbaumstraße
an beiden Seiten vollgeparkt ist
mit Autos.
»Hallo, Tom-Tom!« schreit Niko
und winkt. »Wir holen dich!«
»Nächste Frage«, sagt der Dackelmann.
»Wie geht man über eine Straße,
wenn am Rand überall Autos stehen?«
Er nimmt die Kinder bei der Hand
und macht zuerst zwischen zwei Autos
einen großen Schritt nach vorn.
»Könnt ihr sehen, ob etwas kommt?
Nein? Noch nicht?
Dann gehen wir noch einen Schritt. So.
Und jetzt beugen wir uns vor,
damit wir etwas sehen
und die Straße überblicken.
Wir schauen links – rechts – links –

und wenn jetzt nichts kommt,
hinüber mit uns!«
Tom-Tom trompetet vor Freude,
als sie bei ihm sind.
»Schade, daß nicht überall
Zebrastreifen sind«, sagt Ina,
»da muß man nicht aufpassen.
Da darf man alles.«

»Alles?«
Der Dackelmann schüttelt den Kopf.
»Überhaupt nicht alles!« ruft Niko.
»Was zum Beispiel nicht?«

»Nicht Kästchen-Hüpfen!«
»Nicht Purzelbaum schlagen!«
»Nicht andere Kinder huckepack tragen!«
»Nicht Fangen spielen!«
»Nicht rennen, nicht raufen!«
»Und nicht einem rollenden Ball nachlaufen!«

»Und noch etwas darf man nicht«,
sagt der Dackelmann:
»Man darf kein Traummännlein sein,
kein Hans-guck-in-die-Luft!
Auf der Straße ist Träumen verboten.
Immer! Auch bei Grün!
Auch auf dem Zebrastreifen!«

In der Lindenbaumstraße
saust Lumpi bis zur Nummer 14
und bellt ein Auto an,
das dort vor der Tür steht.
Es gehört dem Dackelmann.

Was man auf dem Zebrastreifen
alles nicht darf

ZOO
BESUCHEN SIE UNS!
SCHUHE

»Ist der Spaziergang schon zu Ende?«
fragt Ina, »können wir nicht
eine Spazierfahrt dranhängen?«
»Aber gern«, sagt der Dackelmann.

Bevor sie einsteigen,
zeigt er den Kindern,
daß sein Auto in Ordnung ist:
die Reifen, die Blinker,
die Lampen, die Scheibenwischer,
das Rücklicht.
Er zeigt ihnen die Gurte
auf dem Rücksitz
und die Kindersicherung an den Türen.
Niko darf kurz die Hupe probieren.
»Das alles ist wichtig, wenn man
sicher fahren will«, sagt der Dackelmann.
Sie steigen ein und gurten sich an.
Lumpi liegt zwischen den Kindern.
Der Dackelmann fährt los.
»Hab mein' Wagen vollgeladen«, singt er.
»Halt mal!« ruft Niko. »Da sind Lalibella
und Tom-Tom auf einem Plakat.«
»Hier darf ich nicht stehenbleiben.
Hier ist ein Schild: Halteverbot.«

Sie fahren auf eine Kreuzung zu.
Die Ampel springt von Grün auf Gelb.
»Schnell!« ruft Ina. »Dann kommen wir noch rüber!«
»Nein!«
Der Dackelmann läßt den Wagen ausrollen und hält an. »Gelb heißt stehenbleiben und warten.«
»Dann muß Nikos Spruch aber anders heißen«, sagt Ina.

»Bei Rot und Gelb,
da mußt du stehn,
und nur bei Grün,
da darfst du gehn.«

»Richtig!« sagt der Dackelmann. »Wer bei Gelb lossaust, ist ein Verkehrssünder. Stellt euch vor, was passiert, wenn das alle machen.«
»Bum!« schreit Niko. »Dann krachen sie zusammen.«
»Unser Papa«, sagt Ina, »der flitzt bei Gelb meistens noch rasch hinüber.«
»Das soll er lieber nicht«, meint der Dackelmann.

»Unser Papa, der fährt überhaupt viel schneller als du«, sagt Niko.

»Das soll er auch nicht.«
»Und wenn ein Auto vor uns fährt,
dann fährt er immer
ganz dicht hinterher.«
»Auch das soll er nicht.«
Plötzlich schießt mit lautem Tatü-Tatü
ein Rettungswagen an ihnen vorbei.
Lalibella und Tom-Tom
ziehen erschrocken die Köpfe ein.
»Der darf schneller fahren
als alle anderen!«
sagt der Dackelmann.
»Der hat Vorfahrt.
Das Rote Kreuz, der Notarzt,
die Polizei – und wer noch?«
»Die Feuerwehr!« rufen die Kinder.

In der Lindenbaumstraße 8
ist die Fahrt zu Ende.
Ina und Niko steigen aus.
Sie schütteln dem Dackelmann die Hand
und Lumpi die Pfote.
»War's schön?« fragt die Mutter.
»Ich hab einen neuen Schulweg«,
sagt Ina. »Den kann ich allein gehen.«

Am Sonntag wundert sich der Vater:
Bevor die Kinder einsteigen,
wandern sie um das Auto herum.
»Papa, die Hinterräder sind aber
ziemlich abgefahren!«
»Papa, schalt bitte den Blinker ein!
Jetzt den anderen.
Jetzt die Scheinwerfer!«
Als sie endlich losfahren,
geht es weiter:
»Papa, du fährst zu schnell!
Das darf man nicht.«
»Papa, du fährst viel zu nah
an das Vorderauto ran.
Das darf man nicht.«

Der Vater seufzt ein bißchen.
»Aber eine Sonntagszeitung kaufen –
das darf ich doch?«
Er bremst vor einem Zeitungsständer.
»Nein!« rufen die Kinder, »Papa,
da ist doch ein Halteverbot!«
»Mir scheint, ich mache alles verkehrt«,
brummt der Vater.
»Der Papa ist ein Verkehrtsünder«,
sagt Niko.
Der Vater lacht. »Ein Verkehrtsünder
mit zwei obergescheiten Kindern!
Wenn ihr einmal groß seid
und ein Auto habt, dann macht ihr
sicher nie einen Fehler.«
»Wir kaufen uns kein Auto«, sagt Ina.
»Überhaupt kein Auto«, sagt Niko.
»Wir kaufen uns einen Hubschrauber.
Da haben wir den ganzen Himmel
für uns!«